Marion Dawidowski

Fensterbilder
Winter

AUGUSTUS

Inhalt

Material und Hilfsmittel

Alle Motive in diesem Buch lassen sich einfach und ohne großen Materialaufwand nacharbeiten und zaubern im Handumdrehen winterliche Stimmung auf Fenster und Wände.

In den Materiallisten zu den einzelnen Fensterbildern finden Sie genaue Farbangaben, um das abgebildete Motiv nachzuarbeiten. Aber natürlich können Sie bei der Farbwahl auch Ihren eigenen Vorstellungen oder den Farben Ihrer Einrichtung folgen.

Folgende Materialien sollten Sie sich im Hobby-, Bastel- oder Schreibwarenladen besorgen, sofern Sie sie nicht schon zu Hause haben:

Hilfsmittel

weicher Bleistift
harter Bleistift
Schere
kleine spitze Schere
Radiergummi
Locher
Nähnadel
Faden
farbloses Klebeband

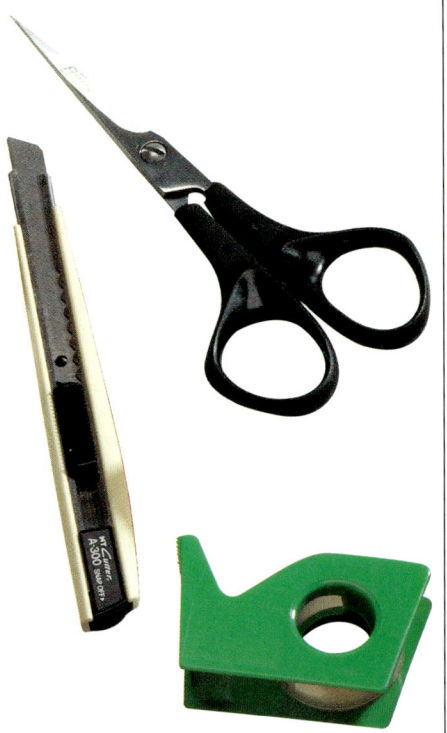

Material

Tonkarton
Regenbogenkarton
Wellpappe
Transparentpapier
schwarzer Filzstift
weißer Gelstift
Klebstoff oder Klebestift

Übertragen der Vorlagen

① Das Transparentpapier auf das entsprechende Motiv legen und alle Einzelteile ohne Überschneidungen nachzeichnen.

③ Schneiden Sie alle Einzelteile aus und entfernen Sie Bleistiftreste mit dem Radiergummi. Zum Ausschneiden der Motivteile ist eine gute Papierschere ausreichend, für enge Kurven benutzen Sie am besten eine kleine spitze Schere.

④ Die Motive entsprechend der Vorlage und der Abbildung zusammenkleben. Möchten Sie die Motive auf der Vorder- und Rückseite deckungsgleich arbeiten,

② Nun das Transparentpapier auf der Rückseite mit dem weichen Bleistift schraffieren. Legen Sie das Transparentpapier auf den gewünschten Tonkarton und ziehen Sie alle Linien noch einmal mit dem harten Bleistift nach. Möchten Sie einige Motive mehrfach arbeiten oder mit Kindern basteln, empfiehlt es sich, Schablonen anzufertigen. Kleben Sie dazu das Transparentpapier mit den abgepausten Motivteilen auf dünnen Karton und schneiden Sie diese aus. Nun die Schablonen auf den Tonkarton auflegen und mit dem Bleistift die Umrisse nachzeichnen.

Sie können das Fensterbild auch mit Klebeband befestigen. Am besten verwenden Sie dazu einfaches oder doppelseitiges Klebeband.

benötigen Sie die meisten Teile in doppelter Anzahl. Diese werden auf der Rückseite spiegelverkehrt, aber in gleicher Reihenfolge aufgeklebt. Die Abbildung und die Vorlage geben Ihnen zusätzliche Hilfestellung, in welcher Position die Motivteile zusammengesetzt werden.

⑤ Wenn Sie Ihr Fensterbild aufhängen möchten, pendeln Sie das Bild zwischen Daumen und Zeigefinger aus, bis es gerade hängt. An dieser Stelle stechen Sie mit der Nadel in den Karton und ziehen den Faden durch.

Der Winter ist da

Kleiner Rabe

Vorlagenbogen Seite A, C, D

Ob diese Kappe wirklich ausreichend vor der Kälte schützt?

Das wird gebraucht
Tonkarton in Weiß, Rot, Gelb, Blau, Grün, Braun, Schwarz
schwarzer Filzstift
Locher

So wird's gemacht

Zunächst die Zaunlatten mit ihren Schneehauben durch die Querlatten verbinden.

Schnabel und Flügel des Raben aufkleben und den Fuß von hinten ansetzen. Setzen Sie dem Raben die zweiteilige Mütze auf und platzieren Sie zwei weiße Locherpunkte als Augen. Die Pupillen und Einzelheiten malen Sie mit Filzstift.

Zum Schluss setzen Sie zuerst den Tannenbaum, dann den Zaun auf die Schneefläche und kleben den Raben auf einen Zaunpfahl.

Eddy Eisbär

Vorlagenbogen Seite A

Bei eiskaltem Winterwetter fühlt sich ein Eisbär erst so richtig wohl.

Das wird gebraucht

Tonkarton in Weiß, Hellblau, Rosa, Schwarz
schwarzer Filzstift
Locher

So wird's gemacht

Die große Eisscholle mit dem Innen-ausschnitt in Weiß und Hellblau zusam-mensetzen. Den Bärenkörper in den Ausschnitt hineinkleben.

Nun bringen Sie den Kopf und die Pfo-ten an. Augen, Nase und die Innenohr-teile platzieren und zwei weiße Locher-punkte als Pupillen befestigen.

Einzelheiten werden mit dem Filzstift aufgemalt.

Herr Pinguin

Vorlagenbogen Seite A

Im Schlittern auf der Eisscholle ist dieser kleine Kerl bestimmt der Beste.

Das wird gebraucht

Tonkarton in Weiß, Orange, Hellblau, Schwarz
schwarzer Filzstift
Locher

So wird's gemacht

Die Eisscholle in Weiß und Hellblau ausschneiden und etwas versetzt zusammenkleben.

Auf den weißen Bauch kleben Sie das schwarze Körperteil und platzieren Schnabel und Augenfleck. Einen schwarzen Locherpunkt als Pupille aufkleben und die Füße von hinten anbringen.

Den Pinguin auf die Eisscholle stellen.

Schlittenfahrt

Vorlagenbogen Seite A/C

*Hurra, der erste Schnee! Auf zur
Schlittenfahrt den Hügel hinunter.*

Das wird gebraucht

Tonkarton in Weiß, Hautfarbe, Rot,
  zwei Blautönen, Braun, Schwarz
schwarzer Filzstift
weißer Gelstift
Locher

So wird's gemacht

Den Schal mit den blauen Bommeln auf
den Pullover kleben. Das Gesicht platzieren und zuerst die Haare, darüber die
dreiteilige Mütze aufkleben. Den Arm
mit dem roten Handschuh fixieren.
Das Bein kleben Sie von hinten an den
Pullover und setzen den Schuh an.

Sitzfläche und Streben des Schlittens
an der Kufe anbringen. Zwei Locherpunkte dienen als Augen. Zum Schluss
Gesicht mit Filzstift malen und Akzente
mit Gelstift setzen. Nun kann das Kind
Platz nehmen und die Schneefläche
hinuntersausen.

Eskimo

Vorlagenbogen Seite A

Der kleine Eskimo ist im dicken Pelz warm eingepackt und stolz auf seinen Fang.

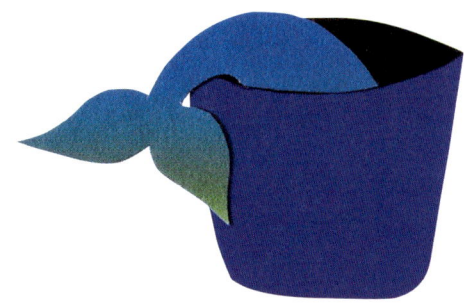

Das wird gebraucht

Tonkarton in Hautfarbe, Weiß, Gelb, Rot,
  Blau, Schwarz
Regenbogenkarton
schwarzer Filzstift
weißer Gelstift
Locher

So wird's gemacht

Fellbesatz auf den Saum des Oberteils kleben. Die Arme mit den blauen Handschuhen nur an den Schultern auf dem

Oberteil platzieren. Das Mützenfell auf die Schulter und einen weißen Bommel auf die Jacke kleben. Die Hose von hinten ansetzen. Zuerst die Stiefel, dann den Fellbesatz aufkleben.

Das Gesicht mit der Haarsträhne platzieren Sie auf dem Fell, dahinter schaut das rote Mützenteil hervor. Zwei Locherpunkte als Augen anbringen, Nase und Mund malen. Mit weißem Gelstift zeichnen Sie die Lichtreflexe.

Einen Fisch aus Regenbogenkarton hält der Eskimo im Arm. Setzen Sie den zweiteiligen Eimer zusammen und kleben Sie den halben Fisch auf. Eskimo und Eimer auf die große Eisscholle (ohne Innenausschnitt) kleben.

● Tipp ●

Damit die Fensterbilder plastisch wirken, kleben Sie die Motivteile nicht vollflächig auf, sondern nur so weit, wie es für den Zusammenhalt notwendig ist.

Hund mit Pudelmütze

Vorlagenbogen Seite B

Ein strahlender Stern verleiht auch einem Hundekörbchen weihnachtlichen Glanz.

Das wird gebraucht

Tonkarton in Weiß, Rot, Gelb, Blau, Braun,
 Schwarz
schwarzer Filzstift
weißer Gelstift
Locher

So wird's gemacht

Kleben Sie Halsband und Ohr auf den Hundekörper. Die zweite Vorderpfote wird von hinten angebracht.

Kleben Sie die dreiteilige Mütze auf den Kopf. Auch die Schwanzspitze bekommt ein kleines Mützchen.

Den Mund einschneiden und die Schlaufe mit Stern hineinkleben. Nase und zwei schwarze Locherpunkte als Augen platzieren und kleine Lichtpunkte mit dem Gelstift zeichnen.

Schneemann

Vorlagenbogen Seite B

Mit seinen dicken Fäustlingen und dem riesigen Hut wird es diesem Schneemann bestimmt nicht zu kalt.

Das wird gebraucht

Tonkarton in Weiß, Orange, Rot, Schwarz
Wellpappe in Blau   schwarzer Filzstift
weißer Gelstift   Locher

So wird's gemacht

Den Körper ausschneiden und den zweiteiligen Hut am Kopf befestigen. Die Handschuhe aus Wellpappe auf die Arme kleben. Die Enden des Schals dicht nebeneinander 1 cm weit einschneiden und den Schal aufkleben.

Zwei schwarze Locherpunkte als Augen, drei weitere als Knöpfe platzieren. Die Nase fixieren und den Mund aufmalen. Mit weißem Gelstift Lichtreflexe auf die Augen zeichnen.

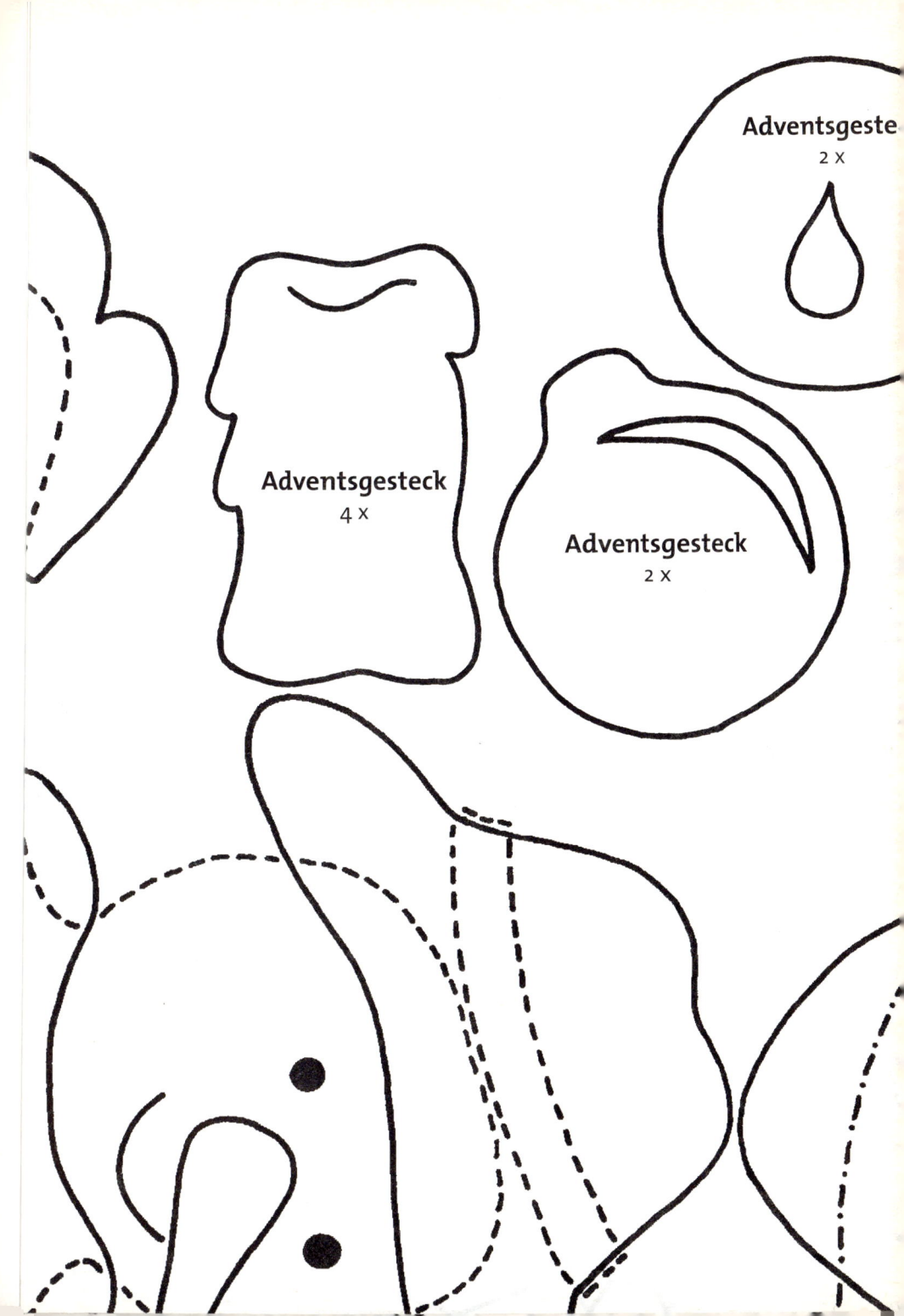

Adventsgeste
2 x

Adventsgesteck
4 x

Adventsgesteck
2 x

Vorlagenbogen Seite B

Marion Dawidowski/ Fensterbilder Winter
ISBN 3-8043-0682-9

AUGUSTUS VERLAG AUGSBURG 1999
© Weltbild Ratgeber Verlage GmbH & Co.KG.

k

Adventskranz

Vorlagenbogen Seite B/D

Lebkuchen, Sterne und eine große Schleife heißen Gäste schon an der Tür willkommen.

Das wird gebraucht

Tonkarton in Gelb, Grün, Beige,
Mittelbraun, Dunkelbraun
Wellpappe in Rot
Goldfaden

So wird's gemacht

Schneiden Sie den Busch achtmal aus grünem Tonkarton und kleben Sie die Einzelteile leicht überlappend zu einem Kreis zusammen. Den Streifen aus Wellpappe als Aufhängeband anbringen, an der Kranzinnenseite etwas nach hinten umbiegen und fixieren.

Das Gebäckherz mit Mandeln versehen und mit dem Goldfaden am Wellpappestreifen befestigen. Die zweiteilige Schleife aufsetzen. Das übrige Gebäck ebenfalls verzieren und mit den Sternen auf dem Kranz platzieren.

Weihnachtsbär

Vorlagenbogen Seite B

*Da hat der Nikolaus aber eine tat-
kräftige Verstärkung bekommen.*

Zwei schwarze Locherpunkte als Augen
fixieren.

Setzen Sie die dreiteilige Mütze auf und
schieben Sie den Sack mit dem Flicken
unter die Arme. Den zweiteiligen Zipfel
auf der Hand befestigen.

Das Geschenk dreimal ausschneiden.
Zwei Päckchen von hinten gegen den
Sack, das dritte hinter dem Fuß platzie-
ren. Zwei Schleifen entsprechend der
Abbildung aufkleben und mit je einem
gleichfarbigen Locherpunkt versehen.

Nase und Mund mit Filzstift malen,
die Lichtreflexe mit weißem Gelstift
einzeichnen.

Das wird gebraucht

Tonkarton in Weiß, Rot, Mittelbraun,
  Dunkelbraun
Tonkartonreste in Gelb, Grün, Blau,
  Schwarz
schwarzer Filzstift
weißer Gelstift
Locher

So wird's gemacht

Den Kopf auf den Körper kleben, die
Arme nur an den Schultern befestigen.
Ohrinnenteil und Schnauze platzieren.

Advents-
gesteck

Vorlagenbogen Seite B/D

Schon ist zweiter Advent und es gibt noch so viel zu tun!

Das wird gebraucht

Tonkarton in Gelb, Rot, Beige, Braun, Grün
Regenbogenkarton
Wellpappe in Regenbogenfarben
schwarzer Filzstift
Goldband

So wird's gemacht

Kleben Sie zwei grüne Büsche (Vorlage siehe Bogen Seite D) leicht überlappend zusammen. Vier rote Kerzen, davon zwei mit Flamme aus Regenbogenkarton und mit gelbem Lichtschein, auf das Grün setzen. Den Stern und den Keks mit den Mandeln aufkleben. Die Christbaumkugeln aus Wellpappe bekommen Lichtreflexe und werden auf der Rückseite mit dem Goldband am Grün befestigt. Einzelheiten der Kerzen mit Filzstift aufmalen.

Der Nikolaus kommt ins Haus

Vorlagenbogen Seite C

*Von allen Kindern sehn-
süchtig erwartet, bringt er
in einem großen Sack
viele Geschenke mit.*

So wird's gemacht

Auf der Mütze mit dem Bommel
und dem Fellbesatz das Gesicht
platzieren. Die Nase, den Bart und
die Augenbrauen aufkleben. Nun
den Kopf am Körper befestigen.
Den Fellstreifen und die Stiefel
kleben Sie an den Anzug. Die
rechte Hand hält den Ring,
auf den die dreiteilige
Glocke aufgeklebt wird.
Am linken Arm den Fell-
streifen mit der Hand befestigen. Bringen Sie den Sack mit
dem Flicken von hinten an, den
zweiteiligen Zipfel von vorne an-
kleben. Das Gesicht und weitere
Einzelheiten mit Filzstift malen, die
Lichtreflexe in Weiß. Zum Schluss die
gelben Knöpfe aufkleben.

Junger Elch

Vorlagenbogen Seite C

Wenn die Rentiere ausfallen, hilft auch einmal der Elch beim Verteilen der Geschenke.

Das wird gebraucht

Tonkarton in Weiß, Gelb, Rot, Blau,
  Mittelbraun, Dunkelbraun, Schwarz
Bastfaden
schwarzer Filzstift
weißer Gelstift

So wird's gemacht

Die Geweihteile und das Ohr an den Elchkörper kleben. Das zweite Beinpaar von hinten ansetzen. Die schwarzen Hufe aufkleben.

Die Decke laut Vorlage zusammensetzen und auf dem Rücken platzieren. Augen, Nase und Mund malen Sie mit dem Filzstift, die weißen Lichtreflexe mit weißem Gelstift.

Den Elch auf die Schneefläche kleben. Zwei Heubüschel mit dem Bastfaden zusammenbinden und ebenfalls auf der Schneefläche anbringen.

Weihnachtsstern

Vorlagenbogen Seite B/D

Dieses Weihnachtsgesteck sieht auch ohne Pflege lange gut aus.

Das wird gebraucht

Tonkarton in Gelb, zwei Rottönen,
  zwei Grüntönen
schwarzer Filzstift
Locher

So wird's gemacht

Kleben Sie zunächst zwei Büsche leicht überlappend zusammen. Den Stern und die zweiteilige Schleife entsprechend der Abbildung platzieren.

Die Weihnachtssternblüte mit zwei grünen Blättern hinzufügen. In die Blütenmitte kleben Sie noch grüne und gelbe Locherpunkte.

Frohes Fest

Vorlagenbogen Seite C

Aus den Wolken heraus wünscht der Nikolaus allen ein frohes Fest.

Das wird gebraucht

Tonkarton in Weiß, Hautfarbe, Gelb, Rot
schwarzer Filzstift
weißer Gelstift
Glitterpen in Gold

So wird's gemacht

Den Körper von hinten gegen die Wolke kleben. Auf dem Fellbesatz der Mütze das Gesicht platzieren und den Bart mit der Nase anbringen. Kleben Sie nun den Kopf auf den Körper.

Glöckchen auf dem Mützenzipfel befestigen und die Hand auf die Wolke kleben. Zwei Sterne bringen Sie an der Rückseite an.

Das Gesicht und die Einzelheiten mit dem Filzstift malen, Lichtreflexe mit Gelstift setzen. Zum Schluss mit dem Glitterpen die Wolke beschriften.

Mäuschens Weihnachtsfest

Vorlagenbogen Seite C

Mit einem wärmenden Licht und einem leckeren Stück Käse gefällt auch der Maus die Weihnachtszeit.

Das wird gebraucht

Tonkarton in Weiß, Gelb, Rot, Rosa, Grau, Grün, Schwarz
Rest Regenbogenkarton
schwarzer Filzstift
weißer Gelstift
Locher

So wird's gemacht

Den Schwanz und das zweite Ohr von der Rückseite an den Mäusekörper ansetzen. Das Innenohrteil, die Nase und einen Locherpunkt als Auge aufkleben. Nun bekommt die kleine Maus den Käse in die Pfote und die kleine dreiteilige Mütze auf den Schwanz. Die Kerze fügen Sie laut Vorlage zusammen.

Alle Einzelheiten mit Filzstift malen, Lichtreflexe mit weißem Gelstift auf Nase und Auge zeichnen. Zum Schluss Kerze und Maus auf die Grasfläche setzen.

Engel

Vorlagenbogen Seite D

*Was hat der kleine Engel wohl
hinter seinem Rücken versteckt?
Vielleicht ein Geschenk?*

Das wird gebraucht

Tonkarton in Weiß, Hautfarbe,
  zwei Gelbtönen, Rot
Tonkartonreste in Schwarz und Blau
schwarzer Filzstift
weißer Gelstift
Locher

So wird's gemacht

Den Kragen auf das Kleid kleben.
Die Haare von hinten ansetzen und
darauf das Gesicht platzieren.

Die beiden Flügel und das blaue Päckchen mit der roten Schleife auf der
Rückseite befestigen. Die Füße schauen
unter dem Kleid hervor.

Fixieren Sie zwei schwarze Locherpunkte als Augen und einen roten als Schlei-
fenknoten. Einzelheiten mit dem Filzstift, Lichtreflexe auf den Pupillen mit
dem Gelstift setzen.

Gestalten Sie auch andere Figuren,
wie diesen Engel, auf der Rückseite
nicht deckungsgleich, sondern mit
einer Rückansicht. Ein überraschen-
der Anblick bei einem am Faden
aufgehängten Fensterbild.

Weihnachtsbaum

Vorlagenbogen Seite D

*Welch ein Glanz, welch eine Pracht –
und die Geschenke liegen auch schon
unter dem Baum.*

Das wird gebraucht

Tonkarton in Gelb, Rot, Grün, Blau
Tonkartonreste in verschiedenen
 Farben
weißer Gelstift
Motivlocher Stern
Locher

So wird's gemacht

Schneiden Sie den Baum aus grünem
Tonkarton. Gelbe Locherpunkte wie eine
Lichterkette auf dem Baum platzieren.
Nun die roten Kugeln und die Schleifen
mit den Locherpunkten anbringen.
Zusätzlich einige Sterne mit dem
Motivlocher ausstanzen und
aufkleben. Einen größeren Stern
(Vorlage: Frohes Fest) als Spitze an-
bringen.

Päckchen in verschiedenen Farben
ausschneiden und entspre-
chend der Abbildung unter
dem Baum dekorie-
ren. Mit Schleifen
und schmalen Streifen
als Bänder dekorieren. Mit
dem Gelstift Licht-
reflexe auf die
Kugeln malen.

Prosit Neujahr!

Vorlagenbogen Seite D

*Der Schornsteinfeger bringt Glück
fürs neue Jahr, denn
das kann schließ-
lich jeder
gebrauchen.*

Das wird gebraucht

Tonkarton in Hautfarbe, Rot, Gelb, Grün,
  Braun, Schwarz
schwarzer Filzstift
weißer Gelstift
schwarzer Buntstift
Locher

So wird's gemacht

Das Halstuch und den
Kopf mit den Haaren
auf die Jacke kle-
ben und dann den
zweiteiligen Hut
aufsetzen. Befes-
tigen Sie den
Arm mit der
Hand, dann
den Jacken-
riegel mit dem
Locherpunkt als
Knopf auf der Jacke.

Die Hosenteile, die roten Sockenteile
und die Schuhe von hinten befestigen.
Die zusammengesetzte Leiter trägt der
Schornsteinfeger in Schulterhöhe auf
der Rückseite, das Kleeblatt hält er in
der Hand.

Mit Filzstift das Gesicht malen, weiße
Lichtreflexe mit dem Gelstift aufsetzen.
Mit Buntstift etwas Ruß auf Gesicht
und Hand malen.

Glücksschwein

Vorlagenbogen Seite D

Na, wenn das nichts Gutes für das neue Jahr verheißt!

Das wird gebraucht

Tonkarton in Rosa, Hellgrün, Dunkelgrün
schwarzer Filzstift

So wird's gemacht

Den Kopf auf dem Körper befestigen. Die Nase platzieren und das Gesicht mit Filzstift malen. Weiße Lichtreflexe mit dem Gelstift auf die Augen zeichnen.

Den Streifen für den Schwanz um einen Stift zur Spirale wickeln und anschließend an den Körper kleben. Das Kleeblatt platzieren. Kleben Sie zwei Büsche leicht überlappend zusammen und setzen Sie das Schwein darauf.

Die Deutsche Bibliothek – CIP-Einheitsaufnahme

Fensterbilder Winter : mit Vorlagenbogen / Marion Dawidowski – Augsburg : Augustus-Verl., 1999 (Ideenkiste)
ISBN 3-8043-0682-9

Fotografie: Klaus Lipa, Augsburg
Arbeitsfotos Seite 4/5: Marion Dawidowski
Lektorat: Sabine Fels, Renningen
Umschlagkonzeption: Kontrapunkt, Kopenhagen
Umschlaglayout: Petra Pawletko, Augsburg
Reihenkonzeption: Kontrapunkt, Kopenhagen
Layout: Anton Walter Gundelfingen

AUGUSTUS VERLAG AUGSBURG 1999
© Weltbild Ratgeber Verlage GmbH & Co. KG.

Satz: Gesetzt aus 9,5 Punkt The Sans von DTP-Design Walter, Gundelfingen
Reproduktion: GAV Prepress, Gerstetten
Druck und Bindung: Offizin Andersen Nexö, Leipzig

Gedruckt auf 135 g umweltfreundlich chlorfrei gebleichtes Papier.

ISBN 3-8043-0682-9

Printed in Germany